마가의 최초
지저스 리포트

지티엠 · 다세연 공동개발

청소년을 위한 본문별 성경공부

2

마가의 최초

지저스 리포트

gtm • 다세연 공동개발

gtm

지저스 리포트의 구성과 사용법

으쌰! 팀빌딩 10분 이내

우리는 예수님을 알아가고 닮아가려는 한 가지 목표를 가진 팀입니다. 하나님은 두 세 사람의 팀이 모일 때 함께 하시고 팀이 사랑할 때 기뻐하시고 팀이 기도할 때 응답하십니다. 팀 빌딩 시간은 팀원이 서로 알아가고 서로 배우고 서로 힘을 합쳐 미션을 수행함으로 지저스 원 팀으로 세워지는 시간입니다.

팀빌딩의 내용은 청소년 전문 연구기관인 다세연에서 제공합니다.

아하! 바이블 15분 이내

성경은 인생이라는 집을 세우는 가장 완전한 벽돌입니다. 아하! 바이블 시간은 성경 1장을 통해 우리를 향한 하나님의 뜻이 무엇인지를 살피는 시간입니다. 먼저 성구의 괄호를 채우고, 요약의 괄호를 채워보세요. 요약 훈련은 글에 대한 이해력을 높이는 가장 좋은 방법입니다.

요약 괄호에 들어갈 정답은 반드시 설명에서 사용한 단어입니다.

아자! 라이프 10분 이내

요약 모음으로 배운 내용을 복습한 후, 팀원들과 받은 은혜를 나누고 짧은 묵상을 통해 마음에 새김으로 말씀의 벽돌로 삶을 세울 수 있도록 돕는 단계입니다. 말씀을 듣고 순종하는 자는 반석 위에 집을 짓는 자 같아서 처음에는 느리지만 무너지지 않는 아름다운 인생의 집을 세우게 될 것입니다.

* 인도자용 교안은 홈페이지에서(www.gtm.or.kr) 확인하실 수 있습니다.

CONTENTS OF JESUS SERIES 2

마가복음

*지저스 리포트 시리즈는 개역개정판 성경을 사용하고 있습니다.

마가복음은 사복음서 중 제일 먼저 기록된 것으로, 베드로의 통역관이었던 마가가 베드로의 구술을 비롯한 초대교회 공동체의 구전 전통을 정리한 것으로 알려지고 있습니다. 예수님의 생애에 대한 최초 정리답게 마가복음은 분량이 짧고, 이야기의 전개도 빠른 템포로 진행됩니다. 이 때문에 '곧', '즉시로'와 같은 접속사들이 많이 나옵니다.

마가복음은 "하나님의 아들 예수 그리스도의 복음의 시작이라!"는 선언으로 시작됩니다. 이것은 예수께서 하나님 나라의 왕임을 공표하는 강력한 표현이며, 당시에는 순교를 각오해야만 가능한 신앙고백이었습니다. 그런데 예수께서 '하나님의 아들 그리스도 왕'이시라는 것은 마가복음 전체에 일관되게 흐르는 주제로서, 중반부에 나오는 예수님의 제자 베드로의 고백과, 변화산 위에서 들려온 하나님의 음성, 그리고 십자가형을 집행한 백부장의 고백으로 절정을 이룹니다.

하지만 마가복음에서 묘사되는 그리스도 왕은 세상의 그것과는 전혀 다른 모습입니다. 먼저 예수님은 '고난 받는 종으로서의 그리스도'입니다. 이 때문에 마가복음은 '종의 복음'이라고 불립니다. 그러나 동시에 예수님은 '십자가를 통해 승리하시는 그리스도'이기도 합니다. 이 때문에 마가복음은 '능력의 복음'이라고도 불립니다.

이 같은 종의 복음과 능력의 복음을 강조하여 보여주기 위해 마가복음의 절반의 분량은 예수님의 공생애 마지막 몇 주간에 대한 기록으로 채워져 있습니다. 곧 마가복음에는 예수님의 수난과 죽음, 부활에 대한 계시가 다른 복음서보다 훨씬 더 선명하게 부각되고 있습니다. 사실 예수님은 자신의 그리스도 되심을 갈릴리에서 한참 인기 있을 때는 감추시다가 예루살렘에서 고난 받으실 때가 되어서야 비로소 밝히셨습니다. 이 때문에 예수님께서 자신의 그리스도 되심을 나타낼 때 사용한 표현인 '인자'라는 단어는 마가복음에서 14번 나오는데 이 중 9번은 당신의 수난과 부활과 관련해서 사용하고 있습니다.

마가복음의 또 한 가지 특징은 귀신을 쫓아내신 기적이 사복음서 중에서 가장 많다는 점입니다. 마가복음에 기록된 첫 이적은 회당에서 귀신 들린 자를 고치신 일이고, 부활 후에 제자들에게 주신 마지막 사명도 귀신을 쫓아내는 것입니다. 이런 점에서 마가복음은 공중 권세 잡은 자가 통치하는 세상 가운데서 고난 받는 성도들에게 영적 전쟁에서 승리할 수 있는 비결과 참된 위로의 확신을 전수하는 책이라고 할 수 있습니다.

권지현

왕의 복음의 시작

01

마가복음 1장

으쌰! 팀빌딩

나의 설교듣기

설교는 하나님의 뜻이 우리 각각의 마음에 전달되는 중요한 한 방편입니다.

설교를 통해 하나님의 말씀을 들을 때 나의 마음과 태도는 어떤지 살펴봅시다.

1. 오늘 설교를 듣기 전에 나의 마음은 어땠나요?

□ 기대하는 마음이 있었다 □ 그다지 큰 기대는 없었다 □ 아무런 생각이 없었다

2. 오늘 설교를 들을 때 내 마음에는 무슨 생각이 들었나요?

□하나님의 뜻이 깨달아졌다 □무슨 말인지 잘 모르겠다 □ 졸립고 아무 생각이 없었다

3. 보통 설교 말씀이 내 삶에 어떤 영향을 미치고 있나요?

□ 내 삶에 실제적인 영향을 주고 있다

□ 가끔 생각나는 정도이다 □ 거의 영향을 미치고 있지는 않다

오늘 본문은 왕 되신 예수님을 모시기 위해 회개하는 마음으로 말씀을 믿는 것이 얼마나 중요한지를 알려주는 내용입니다.

먼저 마가복음 1장을 펴 놓으세요.

1. 왕의 행차를 준비하라

성구 1 하나님의 □□ 예수 □□□□ 의 □□ 의 시작이라 4 세례 요
한이 광야에 이르러 죄 사함을 받게 하는 □□ 의 세례를 전파하니

마가복음은 "하나님의 아들 예수 그리스도의 복음의 시작"이라는 선언으로 시작합니다. 이 표현은 '예수님은 하나님의 아들이시며 그리스도로서 이 땅에서 하나님 나라를 시작하신 왕'이라는 의미로써, 마가가 본서를 기록하던 로마 통치하에서는 죽음을 각오해야만 할 수 있던 신앙고백이었습니다. 하나님 나라의 왕이신 예수님의 복음사역을 경험하기 위해서는 마치 왕의 행차에 앞서 도로가 보수되듯이, 골짜기마다 돋우어지며, 산마다 낮아지며, 고르지 않은 곳이 평탄케 되며 험한 곳이 평지가 되는 일이 선행되어야 합니다. 이것은 열등감과 교만과 굳은 마음이 제거되는 회개를 뜻하는 것입니다.

요약 하나님 나라의 □ 이신 예수님의 □□ 사역을 경험하기 위해서는 □□ 가 선행되어야 합니다.

2. 하나님 나라가 가까웠다

성구 14 요한이 잡힌 후 예수께서 □□□ 에 오셔서 하나님의 복음을 전파하여
15 이르시되 □ 가 찼고 하나님의 □□ 가 가까이 왔으니 회개하고 복음을 □□
□ 하시더라

예수님은 세례요한이 잡히신 후 고통과 멸시의 땅인 갈릴리에서 본격적인 복음 사역을 시작하셨습니다. 예수님이 전한 메시지의 핵심은 하나님 나라가 가까웠다는 것입니다. 인간은 죄로 말미암아 하나님 나라로부터 멀어져 사탄의 통치 아래에서 고통을 당하게 되었습니다. 하지만 하나님의 사랑은 이렇게 된 인류를 그냥 내버려 두지 않으시고, 자기 아들을 보내셨습니다. 그러므로 예수님의 초림은 하나님 나라가 가까이 왔다는 가장 분명한 증거입니다. 이때에 우리가 해야 할 중요한 일은 예수님의 복음의 말씀을 믿는 것입니다.

요약 예수님의 ＿＿ ＿＿ 을 통해 하나님 ＿＿ ＿＿ 가 가까이 왔을 때 인간이 해야 할 가장 중요한 일은 복음의 말씀을 ＿＿ ＿＿ 것입니다.

3. 권위 있는 새 교훈

성구 27 다 놀라 서로 물어 이르되 이는 어찜이냐 ＿＿ ＿＿ 있는 ＿＿ ＿＿ ＿＿ 이로다 더러운 귀신들에게 명한즉 순종하는도다 하더라

갈릴리 사람들은 예수님께서 회당에서 가르치시는 교훈을 듣고 깜짝 놀라게 되었습니다. 서기관들은 참뜻을 알지도 못한 상태에서 관습에 따라 율법을 가르쳤기에, 듣는 사람들은 답답함이 가중되었습니다. 이에 비해 예수님의 가르침은 율법의 참뜻을 밝혀 주는 빛이었고, 거기서 나오는 능력은 귀신에 매인 영혼을 자유케 하는 것이었습니다. 또한 서기관들은 이론으로는 온갖 율법을 늘어놓으나 실제로는 손가락 하나 움직이기도 싫어했습니다. 그러나 예수님은 먼저 행하신 바를 가르치는 실제였기 때문에 사람들에게 큰 감동을 줄 수 있었습니다. 이 때문에 백성들은 예수님의 가르침을 "권위 있는 새 교훈"이라고 고백하게 되었습니다. 참 진리는 말이 아니라 능력으로 증명되는 것입니다.

요약 예수님의 교훈은 율법의 참뜻을 밝히는 ＿＿ 이었고, 귀신에 매인 영혼을 자유케 하는 ＿＿ ＿＿ 이었으며, 먼저 몸소 행하신 바를 가르치는 ＿＿ ＿＿ 였습니다.

요약 모음

- 하나님 나라의 왕이신 예수님의 복음사역을 경험하기 위해서는 회개가 선행되어야 합니다.
- 예수님의 초림을 통해 하나님 나라가 가까이 왔을 때 인간이 해야 할 가장 중요한 일은 복음의 말씀을 믿는 것입니다.
- 예수님의 교훈은 율법의 참뜻을 밝히는 빛이었고, 귀신에 매인 영혼을 자유케 하는 능력이었으며, 먼저 몸소 행하신 바를 가르치는 실제였습니다.

나눔 오늘 내용을 통해서 새롭게 알게 되었거나 결심한 바가 있으면 나누어 봅시다.

오늘 공부한 내용을 기억하면서 주중에 마가복음 1장 전체를 읽어 봅시다.

짧은 묵상

기독교신앙이란 하나님을 위해 뭔가 큰 일을 하는 것이 아니라, 하나님께서 예수님을 통해 이루어 놓으신 큰 일을 발견하고 누리는 것입니다. 이렇게 신앙생활을 하는 사람은 평생 자신도 행복하고 다른 사람도 행복하게 하는 삶을 살게 됩니다.

왕국 백성이 되는 길

02

마가복음 2장

으쌰! 팀빌딩

말씀과 나의 관계 검사

1. 나는 성경이 하나님의 말씀이라는 것과, 깨닫고 순종할 때 그대로 이루어진다는 것을 어느 정도 믿고 있나요?

□ 진심으로 믿고 있다 □ 잘 믿어지지 않는다 □ 생각해본 적이 없다

2. 나는 말씀을 듣고 난후 그것을 어떻게 생활에 옮기고 있나요?

□기쁨으로 순종하고 열매 맺음 □ 애쓰지만 실패함 □ 거의 기억이 나지 않음

오늘 본문은 예수님의 말씀이 얼마나 행복한 것인지와 그것을 받아들이기 위해 가져야 할 마음가짐에 대한 내용입니다.

먼저 마가복음 2장을 펴 놓으세요.

1. 예수님과 함께 하는 기쁨

성구 19 예수께서 그들에게 이르시되 손님들이 과 함께 있을 때
에 할 수 있느냐 신랑과 함께 있을 동안에는 금식할 수 없느니라

바리새인들은 매주 두 번 금식했지만, 예수님의 제자들은 모든 유대인이 금식하는 대속죄일을 제외하고는 금식하지 않았습니다. 이에 한 사람이 이 문제에 대해 질문했고 예수님은 혼인집 손님들의 비유로 대답하셨습니다. 유대 풍습에 의하면 신랑 친구들은 혼인 잔치가 열리는 동안에는 대속죄일에도 금식을 하지 않았습니다. 그런데 사실 혼인 잔치의 기쁨은 참된 신랑되신 예수님의 임재의 기쁨을 상징하는 것입니다. 이 때문에 제자들은 슬퍼하고 금식할 이유가 전혀 없었던 것입니다. 때로 우리의 심령이 예수님으로부터 멀어질 때 금식하는 것은 아름다운 일입니다. 그러나 경직된 종교의식에 매여, 신랑 되신 예수님을 모신 기쁨을 빼앗기고 사는 것은 어리석은 일입니다. 기독교는 기쁨의 종교입니다.

요약 되신 예수님을 모신 신자는 경직된 에 매인 신앙생활이 아니라 에 넘치는 신앙생활을 해야 합니다.

2. 새 가죽부대와 같은 마음

성구 22 를 가죽 부대에 넣는 자가 없나니 만일 그렇게 하
면 새 포도주가 부대를 터뜨려 포도주와 부대를 버리게 되리라 오직 새 포도주는
에 넣느니라 하시니라

예수님은 복음과 그것을 받아들일 수 있는 마음을 포도주와 가죽부대의 비유로 설명하셨습니다. 새로 담은 포도주는 발효되면서 부풀어 오르기 때문에 신

축성이 없어진 낡은 부대에는 넣지 않습니다. 그렇게 되면 가죽부대가 터져 버리기 때문입니다. 마찬가지로 살아 움직이고, 끓어오르는 새 포도주 같은 예수님의 복음은, 신축성 있는 새 부대에 담아야 합니다. 진리를 향한 열린 마음, 자신의 잘못과 선입견을 얼마든지 교정할 수 있는 겸손한 마음이야말로 복음을 담을 수 있는 새 가죽부대입니다.

같은 예수님의 은 새 부대 같은 마음과 겸손한 마음속에만 담을 수 있습니다.

3. 사람을 위하는 제도

27 또 이르시되 이 을 위하여 있는 것이요 사람이 안식일을
위하여 있는 것이 아니니 28 이러므로 는 안식일에도 이니라

안식일에 밀밭 사이로 지나가던 제자들이 시장기를 느껴 이삭을 잘라 먹자 바리새인들은 어떻게 안식일에 하지 못할 일을 하느냐고 추궁했습니다. 이에 대해 예수님은 피난길에 굶주린 다윗이 제사장만 먹도록 되어 있는 진설병을 먹은 일에 대해 하나님께서 정죄하지 않으셨음을 지적합니다. 그리고 율법에는 굶주린 사람이 이웃의 밭에서 밀 이삭을 잘라 먹는 것을 허용하라는 기록이 있음도 상기시킵니다. 이어서 예수님은 하나님께서 안식일을 제정하신 의도가 사람들을 위하여, 곧 그들로 하여금 쉼 가운데 이날의 제정자이신 창조주를 묵상하며, 그분이 예비하고 계신 영원한 안식의 때를 소망하도록 하기 위함이라고 밝혔습니다. 그리고 이 같은 해석의 확실함을 보증하기 위해 자신이 바로 안식일 제도의 제정자임을 선언하셨습니다. 교회의 모든 제도들은 사람을 위하는 하나님의 뜻을 돕는 것이지 사람을 속박하고 정죄하는 덫이 되어서는 안됩니다.

안식일은 쉼 가운데 를 묵상하며 영원한 안식의 때를 하도록 하기 위한 날입니다.

아자! 라이프

요약 모음

- 신랑 되신 예수님을 모신 신자는 경직된 종교의식에 매인 신앙생활이 아니라 기쁨에 넘치는 신앙생활을 해야 합니다.
- 새 포도주 같은 예수님의 복음은 새 부대 같은 열린 마음과 겸손한 마음속에만 담을 수 있습니다.
- 안식일은 쉼 가운데 창조주를 묵상하며 영원한 안식의 때를 소망하도록 하기 위한 날입니다.

오늘 내용을 통해서 새롭게 알게 되었거나 결심한 바가 있으면 나누어 봅시다.

오늘 공부한 내용을 기억하면서 주중에 마가복음 2장 전체를 읽어 봅시다.

짧은 묵상

율법은 자기 신앙의 과시를 위해 필요한 것이 아니라, 자기 죄의 고발과 참회를 위해 필요한 것입니다.

왕국백성의 열매 맺는 마음가짐

03

마가복음 4장

으쌰! 팀빌딩

나의 향기는?

1. 아래의 축복송 가사를 읽어 봅시다

> 너는 그리스도의 향기라 너는 그리스도의 편지라
>
> 하나님 앞에서 그리스도의 향기니
>
> 너를 통해 생명이 흘러가리 너를 통해 생명이 흘러가리
>
> 너를 통해 사랑이 흘러가리 너를 통해 사랑이 흘러가리
>
> 너를 통해 기쁨이 흘러가리 너를 통해 기쁨이 흘러가리

2. 팀원의 이름을 넣어서 부르며 서로를 축복하는 시간을 가져 봅시다.

오늘 본문은 우리가 어떻게 하면 많은 열매를 맺을 수 있는지를 알려주는 예수님의 이야기입니다.

먼저 마가복음 4장을 펴 놓으세요.

1. 밭부터 기경하라

4 뿌릴새 더러는 길 가에 떨어지매 새들이 와서 □□ 버렸고 5 더러는 흙이 얕은
돌밭에 떨어지매 흙이 깊지 아니하므로 곧 싹이 나오나 6 해가 돋은 후에 타서 뿌리가 없으므
로 □□□ 7 더러는 가시떨기에 떨어지매 가시가 자라 기운을 막으므로 □□
하지 못하였고

씨뿌리는 비유에서 3/4의 씨앗이 잘못된 밭에 뿌려져 결실하지 못한 이유는 당시의 파종법 때문입니다. 건조한 이스라엘에서는 땅 속에 있는 수분을 최대한 덜 빼앗기기 위해 우리나라와는 달리 먼저 씨를 뿌린 다음에 밭갈이를 했던 것입니다. 그런데 이스라엘의 밭은 추수 후 파종기까지 사람들이 지나다녀 길이 나는 경우도 있었고, 또 겉은 얕은 흙으로 덮여 있지만 속에는 돌이 많이 박혀있기도 했으며, 땅 속에 가시나무의 잔뿌리가 남아 있는 경우도 있었습니다. 문제는 씨앗이 아니라 밭에 있습니다. 그러므로 우리가 해야 할 일은 보다 좋은 씨앗을 찾아다니는 것이 아니라 먼저 묵은 땅부터 기경하는 일입니다.

열매 맺는 □□□은 먼저 □□ □부터 □□하는 것입니다.

2. 열매 맺지 못하는 마음 밭

14 뿌리는 자는 □□을 뿌리는 것이라 15 말씀이 □ □에 뿌려졌다는 것은
이들을 가리킴이니 곧 말씀을 들었을 때에 □□이 즉시 와서 그들에게 뿌려진 말씀을
빼앗는 것이요 16 또 이와 같이 □□에 뿌려졌다는 것은 이들을 가리킴이니 곧 말씀을
들을 때에 즉시 기쁨으로 받으나 17 그 속에 뿌리가 없어 잠깐 견디다가 □□으로 인하

여 환난이나 박해가 일어나는 때에는 곧 넘어지는 자요 18 또 어떤 이는
에 뿌려진 자니 이들은 말씀을 듣기는 하되 19 세상의 염려와 재물의 유혹과 기타
이 들어와 말씀을 막아 결실하지 못하게 되는 자요

씨는 말씀이고, 밭은 마음입니다. 그런데 세 가지 밭은 열매를 맺지 못합니다. 첫째, 길가 밭은 말씀의 씨앗이 떨어지자마자 사탄에게 빼앗기게 됩니다. 하나님보다 사람이 더 가깝고, 진리보다 세상을 더 의존하는 마음에는 말씀이 들어갈 수조차 없습니다. 둘째, 돌밭은 말씀을 들을 때 즉시 기쁨으로 받고 싹을 냅니다. 자기 확신이나 주장이 강한 마음은 말씀이 자기 뜻에 부합할 때 열광적인 반응을 보이며 수용하기 때문입니다. 그러나 말씀이 자기 뜻과 배치될 때는 견디지 못하고 거부하기 때문에 금방 시들어버리게 됩니다. 셋째, 가시떨기 밭은 말씀의 씨앗이 자라 외형적으로는 완전한 신자의 모습을 갖추게 됩니다. 하지만 세상의 염려와 재물과 욕심을 좇는 마음은 평생 신앙생활을 한다 하더라도 결코 하나님께서 원하시는 열매를 맺을 수 없습니다.

길가와 돌밭과 가시떨기 같은 에 뿌려진 은 결코 를 맺을 수 없습니다.

3. 좋은 땅 되기

20 에 뿌려졌다는 것은 곧 을 듣고 받아 삼십 배나 육십 배나 백 배의 을 하는 자니라

좋은 땅은 길가와 돌밭과 가시 떨기의 성질을 제거한 마음입니다. 우리가 제거해야 할 '길가'는 농부 되신 예수님께서 말씀을 뿌리기 위해 지나다니시는 것보다, 사람들이 세상적인 방법을 뿌리며 더 많이 지나다니는 닳고 닳은 마음입니

다. 우리가 제거해야 할 '돌'은 물질관, 성공관에 대한 고정관념, 용서하지 못하는 응어리, 굳어진 자아 등입니다. 우리가 제거해야 할 '가시 떨기'는 무엇을 먹을까 마실까 입을까에 몰두하며, 더 부해지고 유명해지고 성공하는데 집착하고, 쾌락에 치중하는 마음입니다. 이런 것들이 제거된 마음에는 말씀이 역동적으로 역사하여, 자기로서는 기대할 수 없을 정도의 열매를 맺게 됩니다.

요약 길가와 돌밭과 가시떨기 같은 마음을 제거한 ____ ____ 에는 ____ ____ 이 역동적으로 역사하여 풍성한 ____ ____ 를 맺게 됩니다.

아자! 라이프

요약 요약 모음

- 열매 맺는 파종법은 먼저 묵은 땅부터 기경하는 것입니다.
- 길가와 돌밭과 가시떨기 같은 마음에 뿌려진 말씀은 결코 열매를 맺을 수 없습니다.
- 길가와 돌밭과 가시떨기 같은 마음을 제거한 좋은 땅에는 말씀이 역동적으로 역사하여 풍성한 열매를 맺게 됩니디.

나눔 오늘 내용을 통해서 새롭게 알게 되었거나 결심한 바가 있으면 나누어 봅시다.

오늘 공부한 내용을 기억하면서 주중에 마가복음 4장 전체를 읽어 봅시다.

짧은 묵상

한 성도는 아래와 같은 세 가지 소원을 기도드렸다고 합니다. "하나님이시여 세 가지 상처를 저의 몸에 주시옵소서. 첫째는 자신을 돌아보며 언제나 마음을 찢는 상처를, 둘째는 남을 동정하는 마음 때문에 아파하는 상처를, 셋째는 당신의 말씀을 언제까지나 사모하는 데서 입는 상처를, 이것을 통해 제가 당신의 사랑을 더 알 수만 있다면 저는 더 이상 어떤 요구조건도 달지 않겠습니다."

기적을 통해 선포된 하나님의 나라

04

마가복음 5장

으쌰! 팀빌딩

고민 털어놓기

1. 최근에 나의 가장 큰 고민과 짐을 누군가에게 말해본 적 있나요?
있다면 그 사람은 누구인가요? 그 말을 하고 난 이후 느낌과 결과는 어떠했나요?

2. 아래의 찬송가 가사를 함께 읽고 자신의 모든 짐과 고민을 예수님께 쏟아내는 시간을 가져봅시다.

너 예수께 조용히 나가 네 모든 짐 내려놓고 주 십자가 사랑을 믿어 죄사함을 너 받으라 주 예수께 조용히 나가 네 마음을 쏟아노라 늘 은밀히 보시는 주님 큰 은혜를 베푸시리

오늘 본문은 아무에게도 말할 수도 누구도 해결해 줄 수도 없는 문제들을 예수님께서 해결해 주신 이야기입니다.

아하! 바이블

먼저 마가복음 5장을 펴 놓으세요.

1. 거라사 광인의 치유

성구 7 큰 소리로 부르짖어 이르되 지극히 높으신 하나님의 아들 예수여 나와 당신이 무슨
이 있나이까 원하건대 하나님 앞에 맹세하고 나를 괴롭히지 마옵소서 하니 8 이는
예수께서 이미 그에게 이르시기를 더러운 귀신아 그 사람에게서 하셨음이
라

예수님은 거라사인의 지방으로 건너가셔서 무덤사이에 거하면서 밤낮 소리를 지르고 돌로 자기 몸을 상해하고 어떤 사람도 제어할 수 없는 한 사람을 찾아가 "더러운 귀신아 그 사람에게서 나오라!"고 명령하셨습니다. 그러자 군대 귀신은 그 광인을 몰고 예수께로 뛰어가 '지극히 높으신 하나님의 아들이 자기처럼 낮고 비천한 자와는 아무런 상관도 없지 않으냐고 하면서 항변했습니다(7). 그러나 아무리 파괴된 삶이라도 예수님과 상관없는 사람은 없습니다. 예수님은 낮고 비천한 영혼을 구원하려 오신 분이시기 때문입니다. 사실 예수님이 배를 타고 갈릴리호수를 건너오신 오신 이유는 오직 그를 만나기 위함이었습니다.

요약 높으신 하나님의 아들은 낮고 비천한 영혼과 깊은 이 있습니다.

2. 혈루증 여인의 치유

성구 27 예수의 소문을 듣고 무리 가운데 끼어 뒤로 와서 그의 에 손을 대니 28 이는 내
가 그의 옷에만 손을 대어도 을 받으리라 생각함일러라 34 예수께서 이르시되 딸
아 네 이 너를 구원하였으니 평안히 가라 네 병에서 놓여 건강할지어다

열두 해를 혈루증을 앓으면서 의원에게 재산을 다 허비하고 더 심한 고통을 받고 있던 한 여인이 예수님의 소문을 듣고 '그의 옷에만 손을 대어도 구원을 얻겠다'는 믿음을 가지게 되었습니다. 그리고 이 같은 믿음으로 예수님의 옷에 손을 대자 그녀는 곧 병이 나은 줄을 스스로 깨닫게 되었습니다. 예수님은 그 능력이 자기에게서 나간 줄을 아시고 에워싸 미는 무리를 향해 "누가 내 옷에 손을 대었느냐?"고 물으셨습니다. 예수님께서 이같이 질문하신 것은 허락없이 자기를 만진 것에 대해 책망하거나 혹은 치유에 대한 감사 인사를 받기 위함이 아니라 그녀에게 믿음을 입으로 시인할 기회를 주기 위함이었습니다. 그리고 이 믿음의 고백에 대해 온전한 구원과 평안을 빌어 주셨습니다.

요약 예수님을 향한 □□과, 입으로 시인한 믿음의 □□에는 구원이 동반됩니다.

3. 죽은 소녀의 부활

성구 41 그 아이의 손을 잡고 이르시되 □□□□ 하시니 번역하면 곧 내가 네게 말하노니 소녀야 □□□□ 하심이라

회당장 야이로는 예수님께 집에 오셔서 병든 딸을 고쳐주시기를 간청했습니다. 하지만 혈루병 여인이 치유 받는 일 때문에 시간이 지체되고 있을 때, 집에서 딸이 방금 죽었다는 소식이 전해지게 되었습니다. 하지만 예수님은 "두려워 말고 믿기만 하라"고 말씀하셨습니다. 예수님께서 함께하시면 결코 너무 늦은 때란 없기 때문입니다. 집에 도착하신 예수님은 소녀의 손을 잡고 "달리다굼!" 하셨습니다. 달리다굼은 "굿모닝"처럼 아침에 엄마가 아이를 깨울 때 사용하는 사랑스러운 표현입니다. 여기서 우리는 사랑으로 가득 찬 생명의 주인 되신 예수님의 모습을 발견하게 됩니다. 예수님은 오늘도 이와 같은 사랑의 음성으로 우

리의 영혼을 깨우고 계시며, 마지막 날에 우리를 부활시켜 주실 것입니다.

요약 ______ 으로 가득 찬 ______ 의 주인 되신 예수님은 지금도 ______ 으로 우리의 영혼을 깨우고 계십니다.

아자! 라이프

요약 모음

- 지극히 높으신 하나님의 아들은 낮고 비천한 영혼과 깊은 상관이 있습니다.
- 예수님을 향한 믿음과, 입으로 시인한 믿음의 고백에는 구원이 동반됩니다.
- 사랑으로 가득 찬 생명의 주인 되신 예수님은 지금도 달리다굼으로 우리의 영혼을 깨우고 계십니다.

나눔 오늘 내용을 통해서 새롭게 알게 되었거나 결심한 바가 있으면 나누어 봅시다.

오늘 공부한 내용을 기억하면서 주중에 마가복음 5장 전체를 읽어 봅시다.

짧은 묵상

제조자에게 있어서 제조품에 심각한 오작동이 있는 것과 오물에 심각하게 오염된 것 중, 수리하기 더 어려운 것은 오염된 것일 것입니다. 창조주에게 있어서도 망가진 부분을 원래대로 돌려놓는 '기적'보다, 죄로 말미암아 혐오스러워진 우리를 다시 사랑스러운 존재로 고치시는 '속죄'는 훨씬 더 어려운 일임에 틀림없습니다. 이 때문에 다윗은 속죄의 행복을 가장 큰 행복이라고 노래했습니다.

(시 32:1-2)

바른 기적의 동기와 결과

05

마가복음 6장

으쌰! 팀빌딩

1분의 행복

1. 지금 나에게 1분 동안 이웃에게 도움이 되는 무언가를 해야 할 미션이 부여되었습니다. 1분이라는 시간동안 이웃을 위해 할 수 있는 일들을 생각해보세요.

	누구에게	무엇을
1		
2		
3		

2. 팀원들의 발표를 들으면서 1분의 시간을 통해 이웃을 위해 할 수 있는 일 best 3를 뽑아봅시다.

오늘 본문은 예수님께서 당신의 긍휼의 마음을 우리도 나누어 가질 수 있도록 격려해주신 이야기입니다.

먼저 마가복음 6장을 펴 놓으세요.

1. 불쌍히 여기시는 예수님의 마음

성구 31 이르시되 너희는 따로 한적한 곳에 가서 잠깐   하시니 이는 오고 가
는 사람이 많아 음식 먹을 겨를도 없음이라 34 예수께서 나오사 큰 무리를 보시고 그
              같음으로 인하여 불쌍히 여기사 이에 여러 가지로 가르치시더라

예수님은 음식 먹을 겨를도 없는 제자들에게 쉼을 주시기 위해 배를 타고 한적한 곳으로 가셨습니다. 하지만 무리들은 예수님을 만나기 위해 도보로 그곳에 먼저 도착해 있었습니다. 이들을 보신 예수님은 쉼을 빼앗긴 것에 대한 짜증이 아니라 목자 없는 양 같은 저들을 향한 뜨거운 연민을 느끼셨고 쉼 없이 말씀을 먹이셨습니다. 예수님은 우리를 위해 그분의 모든 삶을 내어 놓으셨으며, 마지막에는 자기의 생명까지 내어 주신 선한목자이십니다.

요약 예수님은 제자들에게   을 주시고 목자 없는 양 같은 무리들을   여기시는 분이십니다.

2 너희가 먹을 것을 주라

성구 37 대답하여 이르시되   가 먹을 것을 주라 하시니 여짜오되 우리가 가서
   데나리온의 떡을 사다 먹이리이까 38 이르시되 너희에게 떡 몇 개나 있는지 가서 보라
하시니 알아보고 이르되 떡   개와 물고기   가 있더이다 하거늘

날이 저물어 가자 제자들은 무리들을 흩어 보내어 무엇을 사 먹게 하자고 제안했습니다. 그러자 예수님은 "너희가 먹을 것을 주라"고 말씀하셨습니다. 이것은

백성들을 향한 목자의 심정과 예수님께 대한 믿음을 심어주기 위한 도전이었습니다. 그러자 제자들은 노동자의 200일 임금에 해당하는 돈으로 떡을 사도 모자랄 것이라고 대답했고, 예수님은 그들에게 있는 것이 무엇인지 알아보라고 하셨습니다. 그리고 그들이 가져온 오병이어를 사용하여 남은 음식만 열두 바구니를 채울 정도로 풍성한 잔치를 벌려주셨습니다. 예수님은 당신의 손과 발과 당신의 주머니인 우리의 것을 기적의 도구로 사용하기 원하십니다. 왜냐하면 우리는 장차 예수님과 함께 만유를 다스릴 동역자이기 때문입니다.

요약 예수님은 당신의 ___ 인 우리의 손과 발과 ___ 를 통해 기적을 일으키기 원하십니다.

3. 표적을 못 깨닫는 둔감함

성구 50 그들이 다 예수를 보고 놀람이라 이에 예수께서 곧 그들에게 말씀하여 이르시되 안
심하라 ___ 두려워하지 말라 하시고 51 배에 올라 그들에게 가시니 바람이 그치는지
라 제자들이 마음에 심히 ___ 52 이는 그들이 그 떡 떼시던 일을 ___
못하고 도리어 그 마음이 ___ 졌음이러라

예수님은 오병이어의 기적을 본 군중들이 당신을 왕으로 추대하기 위해 모여들자 제자들을 급히 배로 떠나보내시고, 자신은 홀로 기도처를 찾으셨습니다. 그리고 기도를 마치신 예수님은 괴로이 노 젓는 제자들의 모습을 보시고 물위를 걸어 그들에게로 가셨습니다. 하지만 제자들은 유령인줄 알고 소리를 질렀고 예수님은 "내니 두려워 말라"고 말씀하셨습니다. 여기서 '내니'는 구약성경에서 하나님의 명칭인 '나는 스스로 있는 자'와 같은 단어입니다. 예수님은 바로 하나님이신 것입니다. 그리고 하나님이신 예수님께서 배에 오르시자 바람은 곧 잠잠해 지게 되었습니다. 한편 이 모든 광경을 본 제자들은 심히 놀라게 되었습니

다. 이것은 그들이 비록 오병이어의 표적을 보았지만, 마음이 둔하여져서 예수님이 누구신지를 제대로 깨닫지 못했기 때문입니다.

요약 ______의 목적은 예수님께서 ______이심을 깨닫게 하는 것입니다.

아자! 라이프

요약 모음

- 예수님은 제자들에게 쉼을 주시고 목자 없는 양 같은 무리들을 불쌍히 여기시는 분이십니다.
- 예수님은 당신의 동역자인 우리의 손과 발과 주머니를 통해 기적을 일으키기 원하십니다.
- 표적의 목적은 예수님께서 하나님이심을 깨닫게 하는 것입니다.

나눔 오늘 내용을 통해서 새롭게 알게 되었거나 결심한 바가 있으면 나누어 봅시다.

오늘 공부한 내용을 기억하면서 주중에 마가복음 6장 전체를 읽어 봅시다.

짧은 묵상

예수님은 이 땅에서 참된 신자를 구별 짓는 단 한 가지 표식은 정치적으로 옳은 것도 도덕적으로 나은 것도 아닌 오직 사랑이라고 하셨습니다. 우리가 해야 할 일은 더 정확하게 판단하고 더 확실하게 정죄하는 것이 아니라 더 풍성하게 사랑하는 것입니다. 사랑이 가장 강하고 사랑이 결국 이깁니다.

십자가와 영광

06

마가복음 9장

으쌰! 팀빌딩

다른 단어로 바꾸어 표현하기

준비물 : 전지, 연필, 지우개

1. 우리가 흔히 쓰는 욕이나 부정적인 표현들을 조원이 다함께 전지 한 장에 연필로 적어보세요. 어떤 느낌이 드나요?

2. 이제 그 욕이나 부정적인 표현들을 다르게 표현할 수 있는 말들을 생각해서 각각의 단어를 지우고 그 위에 새로 써 주세요. 새로워진 전지를 보면서 어떤 느낌이 드나요?

오늘 본문은 예수님께서 부정적인 말을 긍정적인 표현으로, 인간적인 자신감을 하나님을 신뢰하는 기도로 바꾸어주신 이야기입니다.

먼저 마가복음 9장을 펴 놓으세요.

1. 너희는 저의 말을 들으라

성구 7 마침 구름이 와서 그들을 덮으며 구름 속에서 소리가 나되 이는 내 사랑하는 [ ][ ]이니 너희는 그의 말을 [ ][ ][ ] 하는지라 8 문득 둘러보니 아무도 보이지 아니하고 [ ][ ] [ ][ ]와 자기들뿐이었더라

예수님은 세 제자를 데리고 높은 산에 올라가셔서 영광의 모습으로 변모되셨습니다. 그리고 그 자리에 구약의 율법을 대표하는 모세와 선지자를 대표하는 엘리야가 나타나, 신약의 주인공이신 예수님과 더불어 말씀을 나누셨습니다. 그 대화의 주제는 십자가의 길에 대한 것이었습니다. 하지만 베드로는 그 자리에 초막 셋을 짓겠노라고 했는데, 이것은 무의식중에서도 십자가의 길이 아니라 천상의 영광에 안주하려는 그의 생각을 보여줍니다. 이에 하나님은 "너희는 저의 말을 들어라"고 하시면서 십자가의 길을 받아들이도록 촉구하셨습니다. 그리고 나서 모세와 엘리야는 홀연히 사라졌고 오직 예수님만 보이게 되었습니다.

요약 우리의 시선은 오직 [ ][ ]께 가 있어야 하고, 우리가 걸어가야 할 길은 오직 [ ][ ][ ]의 길뿐입니다.

2. 나의 믿음 없음을 도와 주소서

성구 23 예수께서 이르시되 할 수 있거든이 [ ][ ] [ ][ ][ ] 믿는 자에게는 능히 하지 못할 일이 없느니라 하시니 24 곧 그 아이의 아버지가 소리를 질러 이르되 내가 [ ][ ][ ][ ] 나의 믿음 없는 것을 [ ][ ] [ ][ ][ ] 하더라

예수님께서 변화산에 올라가 계실 때 한 사람이 귀신들린 자기의 아이를 고쳐달라고 데려왔습니다. 하지만 제자들은 그 일을 능히 하지 못했고, 이 때문에 논쟁을 거는 서기관들과 몰려든 구경꾼들로 인해 소란스러워졌습니다. 이에 낙심이 된 아이의 아버지는 산에서 내려오신 예수님을 향해 "무엇을 하실 수 있거든"이라고 말했습니다. 그러자 예수님은 "할 수 있거든이 무슨 말이냐"라고 하시면서 그의 불신앙에 대해 책망하셨고, 이 말씀을 들은 아비는 즉시 "내가 믿나이다 나의 믿음 없는 것을 도와주소서"라고 부르짖었습니다. 그런데 부족하지만 믿음으로 나아가는 그의 기도는 금방 예수님의 도우심을 이끌어냈습니다. 예수님은 우리에게 먼저 믿음을 요구하십니다. 믿음으로 나아가는 사람은 부족한 믿음을 도우시는 예수님의 구원을 보게 됩니다.

요약 예수님은 먼저 ______ 을 요구하시고, 믿음으로 나아오는 사람의 ______ 믿음을 도와주시는 분이십니다.

3. 이런 종류가 나갈 수 없느니라

성구
28 집에 들어가시매 제자들이 조용히 묻자오되 우리는 ________ 능히 그
____ 을 쫓아내지 못하였나이까 29 이르시되 ____ 외에 다른 것으로는 이런 종류
가 나갈 수 없느니라 하시니라

귀신을 추방하는 권세를 받았고 실제 그 일에 성공한 경험도 가지고 있었던 제자들이 그렇게 초라하게 실패한 이유는 과거의 성공을 의지하여 자만했거나, 예수님이 곁에 계시지 않음으로 인해 믿음이 약해졌기 때문일 것입니다. 여기에 더하여 예수님은 이런 종류의 귀신들이 나가는 길은 기도밖에 없다고 하시면서 기도의 부족을 지적하셨습니다. 기도란 자기를 의지하는 마음을 내려놓고 믿음과 간절함으로 하나님을 끊임없이 의지하는 것입니다. 영적 능력은, 능력의 근원되신 하나님과 친밀하고도 지속적인 관계를 통해서만 나타나는 것입니다.

요약 참된 능력은 □□ 과 간절함으로 □□□□ 하나님을 의지하는 □□ 를 통하여 나오게 됩니다.

아자! 라이프

요약 모음

- 우리의 시선은 오직 예수께 가 있어야 하고, 우리가 걸어가야 할 길은 오직 십자가의 길뿐입니다.
- 예수님은 먼저 믿음을 요구하시고 믿음으로 나아오는 사람의 부족한 믿음을 도와주시는 분이십니다.
- 참된 능력은 믿음과 간절함으로 끊임없이 하나님을 의지하는 기도를 통하여 나오게 됩니다.

나눔 오늘 내용을 통해서 새롭게 알게 되었거나 결심한 바가 있으면 나누어 봅시다.

오늘 공부한 내용을 기억하면서 주중에 마가복음 9장 전체를 읽어 봅시다.

짧은 묵상

참된 기도란 자기의 소원을 하나님께 아뢰는 것이 아니라 하나님의 소원을 자기의 것으로 받아들이는 것입니다. 기도란 하나님의 것을 효과적으로 빼내는 기술이 아니라 하나님의 속마음을 알게 되는 기술입니다. 기도는 내가 원하는 것을 받아내는 기능이 아니라 하나님을 더 깊이 원하게 되는 관계입니다.

영생에 이르는 길

07

마가복음 10장

으쌰! 팀빌딩

나 돌아갈래!

1. 내가 지금까지 살면서 했던 가장 지혜롭지 못한 행동은 무엇이었나요?

2. 타임머신을 타고 그 때로 되돌아가게 된다면 나는 어떻게 행동하고 싶은가요?

오늘 본문은 예수님께서 후회스러운 선택을 하지 않기 위해 주의해야 할 것이 무엇인지를 알려주신 이야기입니다.

야하! 바이블

먼저 마가복음 10장을 펴 놓으세요.

1. 부자청년의 고민

성구 21 예수께서 그를 보시고 사랑하사 이르시되 네게 아직도 부족한 것이 있으니 가서 네게 있는 것을 다 팔아 가난한 자들에게 그리하면 하늘에서 보화가 네게 있으리라 그리고 와서 나를 하시니

부자요 관원인 한 청년이 예수님께 달려와서 "선한 선생님이여 내가 무엇을 하여야 영생을 얻으리이까?"하고 질문을 했습니다. 그러자 예수님은 '하나님 한분 외에는 선한 이가 없는데 왜 나를 선한 선생이라고 부르느냐'고 반문했습니다. 이것은 예의를 갖춘 인사말을 하면서도 정작 예수님께서 어떤 분이신지 생각지 않을 위험성을 지적한 말입니다. 예수님은 적절한 조언을 해 줄 괜찮은 스승이 아니라 생명과 사망의 길을 선언할 수 있는 하나님이십니다. 이어서 예수님은 어려서부터 십계명의 율법들을 지키고 있지만 여전히 부족을 느끼고 있다는 청년에게 율법의 내면에 흐르는 요구에 대해서 알려주셨습니다. 그것은 하나님 사랑과 이웃 사랑에 최우선 순위를 두는 것입니다. 영생은 율법의 외면이 아니라 율법의 내면에 흐르는 요구를 지키는데 있습니다.

요약 의 길은 하나님 사랑과 사랑이라는 율법의 에 흐르는 요구에 순위를 두는데 있습니다.

2. 장애물이 될 수 있는 재물

성구 27 예수께서 그들을 보시며 이르시되 으로는 할 수 없으되 으로는 그렇지 아니하니 하나님으로서는 다 하실 수 있느니라

부자청년은 그가 찾던 영생의 길에 대해 들었지만 근심하며 되돌아가게 되었습니다. 그에게 재물은 이미 하나님보다 더 의지하고 이웃보다 더 사랑하는 대상이 되어 있었던 것입니다. 예수님은 안타까운 마음으로 "재물 있는 자가 하나님 나라에 들어가기란 낙타가 바늘귀로 나가는 것보다 어렵다"라고 하셨습니다. 이 말씀을 들은 제자들은 '그렇다면 누가 구원을 얻을 수 있는가'라며 경악했습니다. 유대교에서 부의 축적은 하나님의 축복과 정비례하는 것으로, 부자야말로 천국에 가장 가까운 사람이었기 때문입니다. 그러자 예수님은 구원은 인간의 공로가 아니라 오직 하나님의 은혜로 된다고 교훈하셨습니다. 재물은 하나님처럼 섬길 대상이 아니라 하나님을 위해 부릴 대상이 되어야 합니다.

요약 재물을 하나님보다 더 ______ 하고 이웃보다 더 ______ 하는 대상이 되면 하나님의 ______ 로 주어지는 ______ 의 장애물이 됩니다.

3. 헌신 자가 주의해야 할 것

성구 30 ______ 에 있어 집과 형제와 자매와 어머니와 자식과 전토를 ______ 나 받되
______ 를 겸하여 받고 ______ 에 ______ 을 받지 못할 자가 없느니라 31 그러나
______ 된 자로서 나중 되고 ______ 된 자로서 먼저 될 자가 많으니라

예수님은 당신의 말씀을 따르기 위해 자신의 소중한 것을 헌신하는 사람들에게 주어질 세 가지 축복을 약속하셨습니다. 첫째는 현세에서 백 배나 받는 것입니다. 오늘도 한 알의 밀처럼 자신의 것을 포기함으로 수많은 영혼들을 살리는 사람들을 얼마든지 볼 수 있습니다. 둘째는 박해입니다. 악하고 음란한 세상에서 받는 고난은 의롭고 성결한 천국시민의 표식입니다. 셋째는 내세의 영생입니다. 이것은 시간적으로 영원히 사는 것만을 의미하는 것이 아니라, 그리스도 안에서 영원한 사랑을 누릴 것을 약속하는 것입니다. 하지만 헌신을 내세워 영적 자

만에 빠지는 것은 심히 어리석은 일입니다. 사실 하나님의 축복은 은혜로 주어지는 것이지 우리가 당연히 요구할 수 있는 공로가 아닙니다. 우리는 모든 것을 바친 후에도 스스로 무익한 종이라고 고백할 것 뿐입니다.

요약 하나님은 ______ 을 따르기 위해 헌신한 사람들에게 ______ 의 축복과 박해와 ______ 을 은혜로 주십니다.

아자! 라이프

요약 모음

- 영생의 길은 하나님 사랑과 이웃 사랑이라는 율법의 내면에 흐르는 요구에 최우선 순위를 두는데 있습니다.
- 재물을 하나님보다 더 의지하고 이웃보다 더 사랑하는 대상이 되면 하나님의 은혜로 주어지는 구원의 장애물이 됩니다.
- 하나님은 말씀을 따르기 위해 헌신한 사람들에게 백 배의 축복과 박해와 영생을 은혜로 주십니다.

나눔 오늘 내용을 통해서 새롭게 알게 되었거나 결심한 바가 있으면 나누어 봅시다.

오늘 공부한 내용을 기억하면서 주중에 마가복음 10장 전체를 읽어 봅시다.

짧은 묵상

기도의 초점이 자기의 문제나 상황이나 욕망에 집중된 사람은 처음에는 안달복달하며 더 열정적으로 기도할 수 있지만, 기도를 할수록 하나님과의 온도 차이를 느끼게 됩니다. 그리고 그분의 도우심에 대해 의심하게 될 뿐 아니라, 스스로의 영혼도 그 같은 기도를 기뻐하지 않기 때문에, 점점 등한해지게 되고, 결국 어떤 부정적인 계기가 있으면 기도 자체를 그만두게 됩니다.

왕의 입성과 배척

08

마가복음 11장

으쌰! 팀빌딩

기대와 실망이 엇갈릴 때

1. 최근에 누군가에 대해 기대하고 좋아했다가 크게 실망한 적이 있나요?

2. 반면, 시간이 지난 후 실망했던 것이 나의 오해나 짧은 생각 때문으로 밝혀진 경우는 없나요?

오늘 본문은 열렬한 기대 가운데 예수님을 맞이했다가 금방 십자가에 못 박으라고 고함치게 된 군중들의 악한 중심을 보여주는 내용입니다.

먼저 마가복음 11장을 펴 놓으세요.

1. 주가 쓰시겠다 하라

성구 2 이르시되 너희는 맞은편 마을로 가라 그리로 들어가면 곧 아직 아무도 타 보지 않은
______ 가 매여 있는 것을 보리니 풀어 끌고 오라 3 만일 누가 너희에게 왜 이
렇게 하느냐 묻거든 ______ 쓰시겠다 하라 그리하면 즉시 이리로 ______
하시니

예루살렘 가까이에 이르렀을 때 예수님은 두 제자에게 맞은 편 마을로 가서 아직 아무도 타 보지 않은 나귀 새끼를 풀어 끌고 오라고 명하셨습니다. 그리고 만일 누가 묻거든 '주가 쓰시겠다'고 하라고 일러주셨습니다. 이 사건을 통하여 제자들은 예수님이 모든 것의 참된 주인이심을 깨닫게 되었을 것입니다. 한편 나귀는 평화를 상징하는 동물로서, 왕은 전쟁의 때에는 군마를 탔고 평화의 때에는 나귀를 탔습니다. 예수님께서 나귀새끼를 타고 입성하신 것은 성경의 예언을 이루려 함입니다. "시온의 딸아 크게 기뻐할지어다 예루살렘의 딸아 즐거이 부를지어다 보라 네 왕이 네게 임하나니 그는 공의로우며, 구원을 베풀며, 겸손하여서 나귀를 타나니 나귀의 작은 것 곧 나귀 새끼니라"(슥 9:9).

요약 예수님은 모든 것의 참된 ______ 이시며 ______ 의 왕으로 오신 분이십니다.

2 지식 없는 찬양

성구 9 앞에서 가고 뒤에서 따르는 자들이 소리 지르되 ______ 찬송하리로다 주의
이름으로 오시는 이여 10 찬송하리로다 오는 우리 조상 ______ 여 가장
높은 곳에서 호산나 하더라

예수님께서 예루살렘 성에 입성하시자 많은 사람들이 나와 왕에 대한 극진한 예우로써 겉옷을 펴고 승리를 상징하는 종려나무를 흔들며 찬양했습니다. 이것은 두 세기 전 유다의 독립을 쟁취하고 군마를 타고 예루살렘 성으로 입성하던 마카비 장군을 맞이하던 백성들의 모습과 비슷했습니다. 그들은 '호산나'(지금 구원하소서)를 찬양하면서 이스라엘 역사상 가장 영광스러웠던 다윗의 나라를 즉시 회복시켜 달라고 외쳤습니다. 이처럼 그들은 자기들의 생각대로 예수님을 열렬히 환영하고 있었지만, 군마 대신 새끼 나귀를 타고 입성하신 그분의 생각에 대해서는 완전히 무지했기에 일주일도 지나지 않아 예수님을 십자가에 못 박는 데 앞장서게 되었습니다. 이처럼 지식 없는 찬양은 진리를 대적하게 됩니다.

요약 예수님에 대한 □□ 없이 자기 생각대로 부르는 □□은 결국 진리를 □□하게 됩니다.

3 만민의 기도하는 집

성구 17 이에 가르쳐 이르시되 기록된 바 내 집은 □□이 □□하는 집이라 칭함을 받으리라고 하지 아니하였느냐 너희는 □□의 □□을 만들었도다 하시매

예루살렘 성전에 들어가신 예수님은 이방인의 뜰에서 매매하는 자와 돈 바꾸는 자를 내어 쫓으셨습니다. 당시 제사장들은 상인들과 결탁하여 성전에서 파는 재물이나 쓰는 돈이 아니면 받아주지 않았기 때문에, 이방인들이 예배할 수 있도록 마련된 뜰은 폭리를 취하는 시장터로 전락해 있었던 것입니다. 예수님은 '내 집은 만민이 기도하는 집'이라고 외치셨습니다. 우리의 교회와 우리의 마음에서 이방인을 품을 수 있는 공간이 사라져버리고 탐심으로 가득 채워진다면 하나님의 심판을 피할 수 없게 될 것입니다.

요약 만민을 위해 ____ 하는 집인 ____ 에서 ______ 을 품을 수 있는 공간이 사라지면 심판을 피할 수 없습니다.

아자! 라이프

요약 모음

- 예수님은 모든 것의 참된 주인이시며 평화의 왕으로 오신 분이십니다.
- 예수님에 대한 지식 없이 자기 생각대로 부르는 찬양은 결국 진리를 대적하게 됩니다.
- 만민을 위해 기도하는 집인 교회에서 이방인을 품을 수 있는 공간이 사라지면 심판을 피할 수 없습니다.

나눔 오늘 내용을 통해서 새롭게 알게 되었거나 결심한 바가 있으면 나누어 봅시다.

오늘 공부한 내용을 기억하면서 주중에 마가복음 11장 전체를 읽어 봅시다.

짧은 묵상

말씀으로 시작했다가 자기 생각으로 끝내는 사람들은 말씀이 자기에게 이해가 되고 이익이 될 때에는 좋지만 말씀이 이해가 되지 않거나 고통을 줄 때에는 언제든지 버릴 두 마음을 품고 있기 때문입니다.

논쟁을 이기시는 예수님

09

마가복음 12장

으쌰! 팀빌딩

묘수찾기

준비물 : 1~10까지 숫자가 적힌 종이, '+ - x ÷' 기호가 적힌 종이

1. 진행자는 각 팀에 숫자종이와 기호종이를 한 세트씩 나누어 주고 팀이 만들어야 할 숫자를 제시해요. (예 : 각 팀은 주어진 숫자와 기호를 사용해 135가 될 수 있도록 만들어주세요!)

2. 각 팀은 제시된 답이 나올 수 있도록 숫자와 기호를 순발력 있게 맞춰보세요. 팀원들과 머리를 모아 어려운 문제를 해결했을 때 기분이 어땠나요?

*규칙 : 숫자를 그냥 나열하는 것은 안돼요.

오늘 본문은 도저히 풀 수 없을 것 같은 난제들을 해결하시는 예수님의 초월성을 잘 보여주는 이야기입니다.

먼저 마가복음 12장을 펴 놓으세요.

1. 하나님의 것은 하나님에게

17 이에 예수께서 이르시되 은 가이사에게,
은 하나님께 바치라 하시니 그들이 예수께 대하여 매우 놀랍게 여기더라

로마인의 통치를 부정하고 인두세를 반대했던 바리새인들과, 납세를 찬성하고 친 로마적인 헤롯당은 서로 적대적인 관계였지만 예수님을 죽이는 일에는 한마음이었습니다. 그들은 예수님의 용기와 정직에 대해 아첨하면서 가이사에게 세금을 바쳐야 하는지 여부를 질문했습니다. 이것은 예수님을 매국노 혹은 반란자로 몰기 위한 치명적인 시험이었습니다. 그러자 예수님은 가이사의 초상이 그려져 있는 동전 하나를 보이라고 하시고는 '가이사의 것은 가이사에게 하나님의 것은 하나님께 바치라'고 답변하셨습니다. 이 말씀은 가이사에게 세금을 바치고 있는 식민통치의 현실보다 더 큰 문제는, 하나님의 통치를 버리고 그분께 마땅히 바쳐야 할 것을 바치지 않고 있는 것임을 지적하는 말입니다. 사실 이스라엘이 로마의 식민통치라는 채찍질을 당하게 된 것은 하나님의 형상이 새겨져 있는 그들의 마음에서 하나님이 찾으시는 의와 사랑과 믿음이 전혀 없었기 때문입니다.

하나님의 이 새겨져있는 우리에게 있어서 가장 중요한 의무는 하나님이 찾으시는 의와 과 믿음을 그분께 바치는 것입니다.

2. 산자의 하나님

24 예수께서 이르시되 너희가 도 하나님의 도 알지 못하므로
함이 아니냐 27 하나님은 의 하나님이 아니요 의 하
나님이시라 너희가 크게 오해하였도다 하시니라

현세주의자인 사두개인들은 부활의 불합리성을 지적하기 위해, '7형제의 맏형이 자녀를 낳지 못한 상태에서 죽고, 동생들이 가문을 잇기 위해 순차적으로 형수와 결혼했다면 부활의 날에 그 여자는 누구의 아내가 되겠느냐'라고 질문했습니다. 이에 대해 예수님은 그들이 성경도, 하나님의 능력도 모르기 때문에 부활을 믿지 못한다고 지적하셨습니다. 하나님을 모신 기쁨이 항상 있고 온 인류가 한 형제자매가 된 내세에는 더 이상 결혼이나 출산은 없어지게 될 것이기 때문입니다. 이어서 예수님은 사두개인들이 유일하게 받아들이는 모세오경을 인용하여 부활의 확실성을 증명하셨습니다. 아브라함과 이삭과 야곱은 모세보다 훨씬 이전의 사람들이지만 하나님은 그들이 모세에게 말씀하시던 바로 그 시점에도 살아있는 존재로 묘사하셨습니다. 그들은 죽어서 무로 돌아간 것이 아니라 부활의 영광에 동참하고 있었던 것입니다.

요약 □□을 알고 하나님의 □□을 아는 사람은 □□의 확실성을 믿게 됩니다.

3. 다윗의 자손인가 다윗의 주인가?

성구
35 예수께서 성전에서 가르치실새 대답하여 이르시되 어찌하여 서기관들이 그리스도
를 □□□ □□이라 하느냐
36 □□이 성령에 감동되어 친히 말하되 주
께서 □ □께 이르시되 내가 네 원수를 네 발 아래에 둘 때까지 내 우편에 앉았으라 하셨도다 하였느니라

예수님은 가장 보편적으로 사용되는 '다윗의 자손'이라는 그리스도의 호칭에 대해 다윗의 시를 인용하여 논쟁적인 질문을 하셨습니다. 그것은 왜 다윗이 그의 자손이라고 불리울 그리스도에 대해 "내 주"라고 칭하고 있느냐는 내용입니다. 곧 그리스도는 혈통적으로 다윗의 자손으로 오시지만, 다윗이 주라고 고백할

수밖에 없는 하나님이심을 선언하는 것입니다. 또한 이것은 그리스도가 로마를 꺾고 다윗처럼 힘 있는 유다 왕국을 재건해 주기를 바라는 백성들에게, 당신의 사명이 무너지지 않는 하나님 나라 건설임을 알려주기 위함이기도 합니다.

요약 예수 그리스도는 ________ 이시며 무너지지 않는 ________ 를 건설하시기 위해 오신 분이십니다.

이지! 라이프

요약 요약 모음

- 하나님의 형상이 새겨져있는 우리에게 있어서 가장 중요한 의무는 하나님이 찾으시는 의와 사랑과 믿음을 그분께 바치는 것입니다.
- 성경을 알고 하나님의 능력을 아는 사람은 부활의 확실성을 믿게 됩니다.
- 예수 그리스도는 하나님이시며 무너지지 않는 하나님 나라를 건설하시기 위해 오신 분이십니다.

나눔 오늘 내용을 통해서 새롭게 알게 되었거나 결심한 바가 있으면 나누어 봅시다.

오늘 공부한 내용을 기억하면서 주중에 마가복음 12장 전체를 읽어 봅시다.

짧은 묵상

정직의 기준은 자기의 양심이 아니라 하나님의 말씀입니다. 말씀 앞에서 정직하다는 것은 말씀을 자기 증명이나 자기 변명에 사용하는 것이 아니라 자기 부인의 거울로 사용하는 것입니다.

왕을 대하는 두 가지 모습

10

마가복음 14장

으쌰! 팀빌딩

감사의 문자 파티

1. 팀원들 한명 한명에게 감사하고 싶은 것을 문자 메시지로 전송하세요.

2. 팀원들로부터 받은 문자 메시지 중에서 가장 와 닿는 것이 있었다면 나누어 보세요.

오늘 본문은 속마음을 헤아린 마리아의 헌신에 대한 예수님의 칭찬과 이 일로 인해 예수를 배반하는 가룟 유다의 모습을 대조적으로 보여주는 이야기입니다.

먼저 마가복음 14장을 펴 놓으세요.

1. 마리아의 선택

성구 3 예수께서 베다니 나병환자 시몬의 집에서 식사하실 때에 한 여자가 매우 값진 향유
곧 순전한   한 옥합을 가지고 와서 그 옥합을 깨뜨려 예수의 머리에 부으니 4 어떤
사람들이 화를 내어 서로 말하되 어찌하여 이 향유를   하는가 5 이 향유를
  데나리온 이상에 팔아 가난한 자들에게 줄 수 있었겠도다 하며 그 여자를   하
는지라

나사로의 여동생 마리아는 옥합을 깨트리고 300데나리온 이상 하는 순전한 나드 향유를 예수님의 머리에 부어드렸습니다. 한 데나리온이 노동자의 하루 품삯임을 생각할 때 이 향유는 거의 일 년 연봉에 해당하는 매우 값진 것이었습니다. 마리아는 왜 상식적인 사람들의 비난과 분노까지 감수하면서, 또한 지금까지 검소한 삶을 사신 예수님께 어울릴 것 같지 않은 이런 일을 행했을까요? 그것은 예수님의 발치에서 말씀 듣기를 좋아했던 그녀가 예수님의 이번 예루살렘 방문이 십자가를 지시기 위함임을 깨닫고, 그분에 대한 경의를 표현하기 위해 왕의 장례에 사용하는 향유를 부어드린 것입니다.

요약 마리아가 값진 향유를 부어드린 이유는   을 듣다가 예수님의 이번 예루살렘 방문이   를 지기 위함임을 깨달았기 때문입니다.

2. 예수님의 칭찬

성구 8 그는 힘을 다하여 내 몸에 향유를 부어 내   를 미리 준비하였느니라 9 내가
진실로 너희에게 이르노니 온 천하에 어디서든지 복음이 전파되는 곳에는 이 여자가
    도 말하여 그를   하리라 하시니라

예수님은 당신의 말씀을 잘 듣고 깨달으며, 십자가를 지시려는 당신의 속마음을 헤아리는 마리아의 헌신을 크게 기뻐하셨습니다. 그래서 복음이 전해지는 어디서든지 당신의 장례를 미리 준비한 마리아의 헌신은 귀한 믿음의 본이 되어 기억될 것이라고 격려해 주셨습니다. 예수님은 오늘도 마리아처럼 말씀을 바르게 깨닫고 마리아처럼 속마음을 헤아리는 헌신자를 기억해 주십니다.

요약 예수님은 당신의 말씀을 잘 ______ 깨달으며 당신의 ______ 을 헤아리는 헌신을 기뻐하고 ______ 해 주십니다.

3. 가룟유다의 선택

성구 10 열둘 중의 하나인 ______ 가 예수를 넘겨 주려고 대제사장들에게
가매 11 그들이 듣고 기뻐하여 ______ 을 주기로 약속하니 유다가 예수를 어떻게 넘겨 줄까 하
고 그 ______ 를 찾더라

마리아를 책망하던 가룟유다는 예수님께서 자기 편을 들어주시지 않자 대제사장을 찾아가 돈을 받고 예수를 넘겨 줄 것을 약속했습니다. 물론 가룟유다가 단지 돈 때문에 예수님을 배반한 것은 아닐 것이고, 자기 감정이 상한 것이나, 마리아에 대한 질투, 십자가 죽음을 말하는 예수님에 대한 환멸, 혹은 예수님을 위기로 몰아 넣어 스스로를 구원하게 함으로 로마 식민통치로부터 유다를 해방시키려는 광적인 애국심 등이 종합적으로 영향을 미쳤을 것입니다. 그러나 가룟유다는 하나님의 뜻이 아니라 자기 야망을 이루기 위해 예수를 따르는 자였고, 자기 목표를 위해 예수를 조종하려고 한 사람이었음은 분명합니다.

요약 가룟 유다는 자기 ______ 을 위해 예수를 따르는 자였고 자기 목표를 위해 예수를 ______ 하려고 한 사람이었습니다.

요약 모음

- 마리아가 값진 향유를 부어드린 이유는 말씀을 듣다가 예수님의 이번 예루살렘 방문이 십자가를 지기 위함임을 깨달았기 때문입니다.
- 예수님은 당신의 말씀을 잘 듣고 깨달으며 당신의 속마음을 헤아리는 헌신을 기뻐하고 기억해 주십니다.
- 가룟 유다는 자기 야망을 위해 예수를 따르는 자였고 자기 목표를 위해 예수를 조종하려고 한 사람이었습니다.

오늘 내용을 통해서 새롭게 알게 되었거나 결심한 바가 있으면 나누어 봅시다.

오늘 공부한 내용을 기억하면서 주중에 마가복음 14장 전체를 읽어 봅시다.

짧은 묵상

하나님께서 우리를 위해 큰 이야기와 큰 나라를 준비하고 계십니다. 그러나 사탄은 나의 작은 이야기, 곧 자신이 얼마나 대단한지 혹은 불쌍한지와 나의 작은 나라, 곧 다른 사람을 내 말대로 따라주는 내 편으로 만드는 데만 온 에너지를 쏟게 합니다. 여기서 나타나는 죄의 증상이 바로 조종과 통제입니다.

사랑과 기도로 승리하신 왕

11

마가복음 14장

으쌰! 팀빌딩

가족을 위해 사랑으로 기도하기

1. 나는 내 가정에 있는 어려움 앞에서 어떤 모습을 하고 있나요?

① 

② 

③ 

④ 

2. 가족을 위한 기도제목을 적어보고 이번 한 주간 가족을 위해 함께 기도해요.

가족을 위한 기독 제목
1
2

오늘 본문은 우리를 끝까지 사랑하시고 기도를 통해 하나님께 끝까지 순종하신 예수님의 모습을 보여주는 내용입니다.

아하! 바이블

먼저 마가복음 14장을 펴 놓으세요.

1. 끝까지 사랑하시는 예수님

성구 27 예수께서 제자들에게 이르시되 너희가 다 나를 ________ 이는 기록된
바 내가 목자를 치리니 양들이 흩어지리라 하였음이니라 28 그러나 내가 살아난 후에 너희보
다 먼저 ______ 로 가리라

예수님은 모든 제자들이 자기를 버릴 것에 대해 예언하시면서도, 그것이 마치 목자를 칠 때 양이 흩어지는 것과 같다고 하시면서 제자들을 위로하셨습니다. 또한 예수님은 자신이 부활하실 것과 그들보다 먼저 갈릴리로 가셔서 처음 그들을 불러주셨던 그곳에서 다시 만나 주실 것이라고 격려하셨습니다. 참으로 예수님은 배신과 고문과 죽음 등 인간이 당할 수 있는 최악의 고통 중에서도 먼저, 그리고 끝까지 제자들을 사랑하신 분이십니다. 한편 이 예고를 들은 베드로는 "다 버릴지라도 나는 그렇지 않겠나이다"라고 호언장담했습니다. 그러나 인간의 사랑은 절대 자기가 생각하는 것만큼 그렇게 강하지 않습니다.

요약 예수님은 인간이 당할 수 있는 최악의 고통 중에서도 ____ 그리고 ____ 우리를 ____ 하신 분이십니다.

2. 기도로 승리하신 예수님

성구 36 이르시되 ____ 아버지여 아버지께는 모든 것이 가능하오니 ____ 을 내
게서 옮기시옵소서 그러나 ______ 대로 마시옵고 ________ 대
로 하옵소서 하시고

겟세마네에 도착하신 예수님은 연약한 제자들에게 기도를 부탁하셨습니다. 그리고는 조금 더 나아가사 땀방울이 핏방울로 변하는 것과 같은 고통속에서 그 잔을 자신에게서 옮겨달라고 간구했습니다. 하지만 이 같은 순간에도 예수님은 하나님을 "아빠!"라고 친밀하게 부르고 있었고, 기도의 결론도 "아버지의 원대로"였습니다. 예수님은 세 차례에 걸친 간절한 기도 후에 십자가를 온전히 받아들일 수 있었습니다. 기도에 반복이 필요한 이유는 하나님의 뜻을 바꾸기 위함이 아니라 그분의 뜻에 자기를 복종시키기 위한 싸움이기 때문입니다.

예수님의   되는 기도는 하나님의 뜻을   위함이 아니라 그분의 뜻에 자기를 온전히   시키기 위한 싸움이었습니다.

3. 사자처럼 담대하신 예수님

49 내가 날마다 너희와 함께   에 있으면서 가르쳤으되 너희가 나를 잡지 아니하였도다 그러나 이는   을 이루려 함이니라 하시더라

대제사장들과 서기관들이 예수님을 잡기 위해 보낸 무리는 검과 몽치로 무장하고 왔고, 그들을 이끌고 온 가룟유다는 존경과 애정의 입맞춤으로 예수님을 식별하는 표시로 삼았습니다. 하지만 예수님은 여기에 대해 어떤 두려움이나 분노도 없이 담대히 받아들이셨습니다. 또한 예수님은 위엄 있는 음성으로 "나를 찾거든 이 사람들의 가는 것을 용납하라"(요 18:8)고 명령하심으로 제자들이 안전하게 도피할 수 있도록 도와주셨습니다. 기도에 승리하신 예수님은 상황에 의해 움직이지 않으셨고 "이는 성경을 이루려 함이라"고 하시면서 성경으로 상황을 주도하셨던 것입니다.

  에 승리하신 예수님은 두려움과 분노 대신 사자처럼 담대하셨고   으로 상황을   하셨습니다.

요약 모음

- 예수님은 인간이 당할 수 있는 최악의 고통 중에서도 먼저 그리고 끝까지 우리를 사랑하신 분이십니다.
- 예수님의 반복되는 기도는 하나님의 뜻을 바꾸기 위함이 아니라 그분의 뜻에 자기를 온전히 복종시키기 위한 싸움이었습니다.
- 기도에 승리하신 예수님은 두려움과 분노 대신 사자처럼 담대하셨고 성경으로 상황을 주도하셨습니다.

나눔 오늘 내용을 통해서 새롭게 알게 되었거나 결심한 바가 있으면 나누어 봅시다.

오늘 공부한 내용을 기억하면서 주중에 마가복음 14장 전체를 읽어 봅시다.

짧은 묵상

신앙성장이란 자신이 예수님을 위해 무엇을 했는지 내세울 것이 늘어나는 것이 아니라
예수님께서 자신을 위해 행하신 일이 얼마나 크고 풍성한지를 깨달아가는 과정입니다.

왕으로서의 죽음

12

마가복음 15장

으쌰! 팀빌딩

죽음도 막을 수 없는 용기

우리 주위에는 자기 목숨을 던져서 더 가치 있는 일을 이루거나 다른 사람을 구한 애국자나 의사자의 이야기를 종종 들을 수 있습니다.

1. 내가 알고 있는 순국 애국지사나 의사자 이야기는 어떤 것이 있나요?

2. 나는 그런 상황에서 그와 같은 결정을 할 수 있을까요? 그런 용기는 도대체 무엇에서 나오는 것일까요?

오늘 본문은 예수님의 죽음의 순간과, 그분의 죽음이 여러 사람들에게 일으킨 변화를 보여주는 이야기입니다.

먼저 마가복음 15장을 펴 놓으세요.

1. 대신해서 조롱 받으신 왕

17 예수에게 ______ ___ 을 입히고 ________ 을 엮어 씌우고 18 경례하여
이르되 유대인의 ___ 이여 평안할지어다 하고 19 _____ 로 그의 머리를 치며 ___ 을 뱉
으며 꿇어 절하더라

사형판결을 받은 예수님은 로마 군병들에게 희롱을 당했습니다. 우선 예수님은 왕이 입는 자색 옷과 왕이 쓰는 면류관 대신 로마 군인이 망토로 쓰는 홍포와 가시면류관을 쓰셨습니다. 또 군병들은 신하의 문안을 흉내 낸 후 충성의 표시로 하는 입맞춤 대신 침을 뱉었습니다. 그리고 왕의 권위를 상징하는 홀 대신 손에 쥐어 준 갈대를 빼앗아 가시 면류관을 쓴 머리를 쳤습니다. 이 모든 것은 왕 아닌 자가 왕 노릇한 것에 대한 조롱이었습니다. 하지만 참된 왕이신 예수님은 우리가 받을 조롱을 대신 받으신 것입니다.

참된 ___ 이신 예수님은 왕이 아니면서 ________ 을 한 우리를 ______ 해서 조롱을 받으셨습니다.

2. 죽음으로 사명을 완수하신 왕

34 제구시에 예수께서 크게 소리 지르시되 ____________
_____ 하시니 이를 번역하면 나의 하나님, 나의 하나님 어찌하여 나를 버리셨나이
까 하는 뜻이라 37 예수께서 큰 소리를 지르시고 ________

예수님은 십자가에 달리신지 여섯 시간이 될 무렵 큰소리로 “나의 하나님, 나의 하나님 어찌하여 나를 버리셨나이까”하고 절규하셨습니다. 우리의 죗값으로 인

해 예수님은 단 한순간도 단절된 적이 없으신 하나님 아버지로부터도 잔인하게 버림을 받으신 것입니다. 곧이어 예수님은 큰 소리로 "다 이루었다"를 외치시고 운명하셨습니다. 로마 시대에는 유죄선고를 받는 모든 죄수에게 그의 죄목을 자세히 기록한 증서를 감방 문에 걸어두었다가 죗값을 다 치르고 나면 그 위에 "다 이루었다"라고 써주고는 석방시켰다고 합니다. 곧 예수님께서 우리의 삶에 걸려있는 모든 죄의 증서들이 요구하는 죗값을 당신의 죽음으로 직접 다 치르신 것입니다. 한편 예수님께서 운명하실 때 지성소를 막고 있던 휘장이 위에서부터 아래로 찢어지게 된 것은, 죄인인 우리에게 아무런 막힘없이 하나님 앞에 나아갈 수 있는 새 길이 열리게 되었음을 보여줍니다.

요약 예수님은 우리의 죗값을 당신의 죽음으로 다 치르시고 아무런 ____ ____ 없이 하나님 앞에 나아갈 ____ ____ 을 열어 주셨습니다.

3. 승리의 죽음이 일으킨 변화

성구 39 예수를 향하여 섰던 백부장이 그렇게 ____ ____ ____ 을 보고 이르되 이 사람은
____ ____ ____ 하나님의 아들이었도다 하더라 43 아리마대 사람 요셉이 와서 ____ ____
____ 빌라도에게 들어가 예수의 시체를 달라 하니 이 사람은 존경 받는 공회원이요 하나님의
나라를 기다리는 자라

십자가 곁에서 사형집행을 주관하고 있던 백부장은 예수님의 운명장면을 보고 "이 사람은 진실로 하나님의 아들이었도다"라고 고백하고 있습니다. 그는 부당한 재판과 모욕적인 조롱과 죽음의 고통속에서도 인간을 향한 사랑과 하나님을 향한 소명을 놓지 않는 예수님의 모습을 보면서 그분이 누구신지에 대한 분명한 깨달음을 얻은 것입니다. 예수님의 죽음은 산헤드린 공회원 중에서도 명망이 있고, 진실하게 하나님 나라를 기다리던 아리마대 요셉에게는 당돌하게 빌라

도에게 들어가 예수의 시체를 요구할 수 있게 했습니다. 사실 이 같은 행동은 산헤드린에 대한 정면 도전으로 보여 질 수 있을 뿐 아니라, 로마당국에게 쿠데타 사범의 공범으로 몰릴 위험을 자초할 수도 있었습니다. 하지만 승리하신 예수님의 죽음은 그에게 진리를 향한 무한한 용기를 일으켜주었습니다.

요약 예수님의 죽음은 당신이 누구신지에 대한 분명한 ______ 과 진리를 향한 무한한 ____ 를 일으켜 주는 승리자의 죽음이었습니다.

요약 모음

- 참된 왕이신 예수님은 왕이 아니면서 왕 노릇을 한 우리를 대신해서 조롱을 받으셨습니다.
- 예수님은 우리의 죗값을 당신의 죽음으로 다 치르시고 아무런 막힘없이 하나님 앞에 나아갈 새 길을 열어 주셨습니다.
- 예수님의 죽음은 당신이 누구신지에 대한 분명한 깨달음과 진리를 향한 무한한 용기를 일으켜 주는 승리자의 죽음이었습니다.

나눔 오늘 내용을 통해서 새롭게 알게 되었거나 결심한 바가 있으면 나누어 봅시다.

오늘 공부한 내용을 기억하면서 주중에 마가복음 15장 전체를 읽어 봅시다.

짧은 묵상

믿음에는 반드시 역사가 따릅니다. 그런데 바른 믿음에 따르는 바른 역사는 내가 소원하고 갈망하는 바를 무엇이든지 가지게 되는 기적이 아니라 주께서 미워하고 기뻐하시지 않는 것은 무엇이든지 버릴 수 있는 기적입니다.

마가의 최초

지저스 리포트 ❷

1판 1쇄 발행 2020년 2월 1일

지은이 권지현 • 다세연

발행인 권지현
편집 배경화
디자인 서은진
일러스트 유미솔 yoo101092@gmail.com

펴낸곳 지티엠
등록 제10-0763호
주소 05691 서울시 송파구 가락로 5길 13-7
전화 02-453-3818
홈페이지 www.gtm.or.kr

ISBN 978-89-85447-22-5 [44230]